合唱で歌いたい！スタンダードコーラスピース

混声3部合唱

愛燦燦

作詞・作曲：小椋 佳　合唱編曲：田中和音

●●● 曲目解説 ●●●

『川の流れのように』に次ぐ、美空ひばりの代表曲。歌詞の行間に晩年の彼女の心境が重なるようなこの楽曲は、多くの人々の心に響き長年歌い継がれている名曲中の名曲です。カラオケでも世代を問わず人気の楽曲となっています。この混声3部合唱もまた、原曲の持つメロディーの美しさと詩の情感の絶妙なハーモニーを最大限に引き出した、心に響く合唱に仕上がっています。

【この楽譜は、旧商品『愛燦燦（混声3部合唱）』（品番：EME-C3055）を、フルサイズで演奏できるアレンジに変更しています。加えて、編曲者の意図により変更になっている箇所もございます。】

愛燦燦

作詞・作曲：小椋 佳　合唱編曲：田中和音

愛燦燦

作詞:小椋 佳

雨　潸々（さんさん）と　この身に落ちて
わずかばかりの　運の悪さを
恨んだりして
人は哀（かな）しい　哀（かな）しいものですね

それでも　過去達は
優しく睫毛（まつげ）に　憩（いこ）う
人生って　不思議なものですね

風　散々（さんざん）と　この身に荒れて
思いどおりに　ならない夢を
失くしたりして
人はかよわい　かよわいものですね

それでも　未来達は
人待ち顔して　微笑（ほほえ）む
人生って　嬉しいものですね

愛　燦々（さんさん）と　この身に降って
心秘（ひ）そかな　嬉し涙を
流したりして
人はかわいい　かわいいものですね

ああ　過去達は
優しく睫毛（まつげ）に　憩（いこ）う
人生って　不思議なものですね

ああ　未来達は
人待ち顔して　微笑（ほほえ）む
人生って　嬉しいものですね

エレヴァートミュージックエンターテイメントはウィンズスコアが
展開する「合唱楽譜・器楽系楽譜」を中心とした専門レーベルです。

ご注文について

エレヴァートミュージックエンターテイメントの商品は全国の楽器店、ならびに書店にてお求めになれますが、店頭でのご購入が困難な場合、当社PC&モバイルサイト・電話からのご注文で、直接ご購入が可能です。

◎当社PCサイトでのご注文方法
http://elevato-music.com
上記のアドレスへアクセスし、WEBショップにてご注文ください。

◎お電話でのご注文方法
TEL.0120-713-771
営業時間内に電話いただければ、電話にてご注文を承ります。

◎モバイルサイトでのご注文方法
右のQRコードを読み取ってアクセスいただくか、
URLを直接ご入力ください。

※この出版物の全部または一部を権利者に無断で複製(コピー)することは、著作権の侵害にあたり、著作権法により罰せられます。

※造本には十分注意しておりますが、万一、落丁・乱丁などの不良品がありましたらお取り替えいたします。また、ご意見・ご感想もホームページより受け付けておりますので、お気軽にお問い合わせください。